Paul Eberhardt

Der Lucidaire Gilleberts

Paul Eberhardt

Der Lucidaire Gilleberts

ISBN/EAN: 9783744613064

Hergestellt in Europa, USA, Kanada, Australien, Japan

Cover: Foto ©ninafisch / pixelio.de

Weitere Bücher finden Sie auf **www.hansebooks.com**

Der

Lucidaire Gilleberts.

Inaugural-Dissertation

zur

Erlangung der philosophischen Doktorwürde

an der

Vereinigten Friedrichs-Universität Halle-Wittenberg

verfafst

von

Paul Eberhardt

aus Mücheln.

Halle a. d. S.

1884.

Druck von George Westermann in Braunschweig.

Meiner

lieben Mutter

in

kindlicher Dankbarkeit und Verehrung

gewidmet.

Bos in der Einleitung zu der Vie de St. Gilles par Guillaume
de Berneville, Paris 1881, p. XIII, die 26 Eingangs- und
4 Schlufsverse abgedruckt hat.

Die Handschriften B, C, D, sowie eine vierte zu Ashburn-
hamplace, Barrois 171, führt P. Meyer, der sie in das 13. Jahrhundert versetzt, in der Romania VIII, 327, Anm. 1 an.
Handschrift E in Cambridge, Corpus Christi College Nr. 405
behandelt auf Bl. 425 unter der Überschrift „Hic incipit de
Antichristo" das Erscheinen des Antichrists, welcher Passus
dem Lucidaire v. 1108 ff. entnommen ist. Die Kenntnis dieser
Handschrift, sowie die Übermittelung der vier ersten Verse
verdanke ich der Freundlichkeit des Herrn Dr. Stürzinger. Sie
lauten:

> Meistre, beneït seies tu,
> ben me as de tut rendu.
> Mes de Antechrist demandasse
> mout volenters si je osasse.

Unser Lucidaire ist in Achtsilblern gedichtet und beruht
auf dem dritten Buche des Elucidarius des Honorius von Augusto-
dunum (Ausgabe Sancti Anselmi Cantuariensis Opera ed. Ger-
beron). Er ist wie der lateinische Text in der beliebten Form
von Frage und Antwort verfafst. Mehrere französische Über-
setzungen in Prosa aus dem 13. Jahrhundert sprechen für die
damalige Beliebtheit dieses Stoffes. Über Nachbildungen in der
französischen Litteratur vergleiche man Z. F. R. P. I, 91, wo Suchier
nachweist, dafs der Sermo de sapientia in W. Foersters Dialoges
Gregoire lo Pape S. 283—298 auf die ersten siebzehn Kapitel
des ersten Buches des Elucidarius zurückgeht, ferner P. Meyer,
Romania I, 421 und Ed. Stengel, Mitteilungen aus Handschriften
der Turiner Bibliothek S. 40.

In Versen haben wir noch eine Bearbeitung des Elucidarius in dem ersten Buche der Lumiere as Lais von Peter
von Peckham, von deren Anfang und Schlufs P. Meyer in der
Romania VIII, 328 einen Abdruck giebt. Peter benutzte den
Elucidarius nur für das erste Buch seines Werkes, und nahm,
da jener seiner Ansicht nach in verschiedenen Punkten Irrtümer
enthielt, seine Zuflucht zu anderen Quellen. Im Prolog seiner
Lumiere sagt er v. 583—588:

„Le primer liver en acun endreit
Est de Lucidarie estreit,
Mes pus jo me percevoie
Ke mespriz en poinz, ne vuloie
Plus de cel liver treiter,
Enz comensai en autres estudier."

Diese Aussage bestätigt sich vollkommen. Denn obwohl
das sechste Buch der Lumiere as Lais (Old Royal 15 D II,
Bl. 88r) überschrieben ist „*Ici comence le sime livre ke est del
jour de jugement e des peines de enfern e des joies du ciel*", also
ähnlich wie unser Text, und die Überschriften vieler Kapitel auf
denselben Inhalt wie im Lucidaire schliefsen lassen, wie Bl. 88r
„*En quel vertu leverunt de nut ou de jour*," Bl. 88v „*Le quel vendra
nostre seignur, Si tuz serrunt de une estature, quant leverunt de
mort en vie*," etc., so zeigt doch eine nähere Einsicht in den
Inhalt dieses Buches, dafs der Schüler wohl im allgemeinen
dieselben Fragen stellt wie im Elucidarius, wenn auch in ganz
anderer Reihenfolge, der Lehrer aber den Stoff zur Beantwortung
derselben anderen Quellen entlehnt hat. Einmal beruft er sich
auf den heiligen Ambrosius, sehr oft auf den heiligen Augustin
und Gregorius. Den Dialogen des letzteren hat er den ganzen
Passus vom Fegefeuer entnommen. Denn in dem Kapitel „Ou
purgatoire put estre" (Bl. 91r) sagt Peter:

„Dunt une partie vus dirai
de ces countes, si cum jeo sai,
que sunt verreis e esprovez,
cum seint Gregoire l'ad recitez
en un livere que est nomé
,Dyaloge' saunz fauseté."

Bei der Herstellung des Textes standen mir nur die Handschriften A, B, C vollständig zu Gebote. Ich liefs mich bei der
Herstellung eines kritischen Textes, die ich zu meiner Orientie-
rung vorgenommen habe, von dem Grundsatz leiten, alles, was
in einer Handschrift überliefert ist, in denselben aufzunehmen.
Jedes Plus der einen Handschrift im Verhältnis zu den übrigen
ist in eckige Klammer [ ] gesetzt und, wenn aus B, mit [b],
und wenn aus C entnommen, mit [c] bezeichnet.

Daher halte ich es auch für geraten, eine Tabelle aller
Lücken der drei Handschriften aufzustellen, die zeigt, welche

1*

Stellen B oder C ausschliefslich angehören, ferner eine Übersicht gewährt, wie die Handschriften sich gegenseitig ergänzen, und endlich auch wichtige Anhaltspunkte für die Klassifikation der Handschriften giebt.

In den Varianten ist die richtige Lesart. immer vorausgeschickt und mit L bezeichnet, wenn Übereinstimmung mit dem lateinischen Texte stattfand.

In der Tabelle wird das Vorhandensein einer Stelle in einer der drei Handschriften durch das Plus-, das Fehlen durch das Minuszeichen ausgedrückt. Mit U sind alle Übergänge bezeichnet und mit L alle Stellen, die nur in B, C, nicht aber in A vorhanden und auf den lateinischen Text gestützt, also ursprünglich sind.

		A	B	C			A	B	C
49—54		−	+	+	660—1		−	+	+
79—80		−	+	+	674		−	+	+
243—5		+	−	+	675		−	+	+
246—55	U	+	−	−	676		+	+	−
270—1	L	−	+	+	677		+	−	−
280—1		+	−	+	735		+	−	+
314—5	U	+	−	−	746—9		+	−	−
336—7	U	+	−	−	752—3		−	−	+
342—3		−	−	+	766—7		+	+	−
348—9	U	+	−	−	768—9	U	+	−	−
358—9		+	+	−	770—1		+	+	−
362—3		+	+	−	772—3		+	−	+
365		+	−	+	776—7		+	−	−
467		+	−	+	800—1	U	+	−	−
410—3	L	−	+	+	807		+	−	−
414—5	U	+	+	−	824—5		+	+	−
420—1	L	−	+	+	855		+	+	−
423		+	−	+	860—1	U	+	−	−
428—9	U	+	−	−	870—1		+	+	−
445		+	−	+	896—911		+	−	+
446—7		−	+	+	914—5	U	+	−	−
448		+	−	+	916—7		+	−	+
508—9		+	−	−	920—1		+	−	+
525—6		−	+	+	922—3		+	+	−
613		+	−	+	932—3		+	+	−
622—3		−	+	−	938—9		+	+	−
625		+	−	−	960—1		−	+	−
630—1	U	+	−	−	964—5		−	+	+
636—7		+	+	−	968—9	L	−	+	+
642—3	U	+	−	−	978—9	U	+	−	−
646—9	U	+	−	−	986—9		+	−	−
658—9		+	−	+	993		+	−	+

		A	B	C			A	B	C
998—9		+	+	−	1758—9		+	−	−
1002—3		+	+	−	1760—1		−	+	+
1017		+	−	+	1762—7	U	+	−	−
1022—5	U	+	−	−	1769—70		+	−	+
1030—1		−	−	+	1776		−	+	+
1100—1		+	+	−	1822—3		−	+	+
1106—7	U	+	−	−	1828—31	U	+	−	−
1125		−	+	−	1834—5		+	−	−
1127		−	+	−	1862—3	U	−	−	−
1128-9		−	+	+	1864—5		+	+	−
1136—7		−	+	−	1868—9		+	−	+
1154—5		−	+	+	1874—7		+	+	−
1156—7		−	+	−	1890—1	U	+	−	−
1172		+	+	−	1894—5	U	+	−	−
1173		−	+	−	1896—7		+	+	−
1175		−	+	−	1898—9		−	+	−
1180—90		+	−	+	1905—6		+	−	+
1192—3		−	+	+	1908—13	U	+	−	+
1198—1201		−	+	+	1915		+	−	+
1260—1		−	+	+	1935		+	+	−
1262—7		+	−	−	1937		+	−	−
1274—5		−	+	+	1916—9		+	−	−
1296—7		−	+	+	1953		+	−	+
1300—1		+	−	−	1968—9		+	−	−
1337		−	+	−	1970—1	U	+	−	+
1339		−	+	−	2014—5		+	−	+
1356—7		+	−	−	2032—3	U	+	−	−
1380—1		+	−	+	2040—1	U	+	−	−
1390—1		−	+	+	2067		−	+	+
1436—9		−	+	+	2068		−	+	+
1470—1		+	−	+	2070—3		+	−	−
1517—8		−	+	+	2078—9	L	−	+	+
1541—7		+	+	−	2082—3	L	−	+	+
1548—9		−	+	+	2084—5	U	+	+	−
1552—3		−	+	+	2096—7		+	+	−
1576—81	U	+	−	−	2108—9	U	+	−	−
1563a—b		−	−	+	2114—5		+	−	+
1576—81		+	−	+	2158—61	L	−	+	+
1594—1623	L	−	+	+	2162—3		+	−	−
1624—5	L	−	+	−	2170—1	U	+	−	−
1626—31	L	−	+	+	2186—7		+	−	+
1632—3		−	+	−	2198—9		−	−	+
1634—61	L	−	+	+	2204—5	U	+	−	+
1660—7		+	−	−	2208—9		−	−	+
1679		+	−	−	2223		−	+	+
1682		+	−	−	2225		−	+	+
1688—9	U	+	−	−	2230—1		+	+	−
1695		+	−	+	2234—7	U	+	+	−
1698—9		+	−	+	2245		+	−	+
1703		+	+	−	2248		+	+	−
1710—1		−	+	+	2318—9		+	−	+
1726—7	U	+	−	−	2328		+	−	−
1730—1	U	+	−	−	2331		+	−	−

		A	B	C			A	B	C
2346—51		+	+	—	3301—2	U	+	—	—
2354—5	L	—	+	+	3381—4	U	+	—	—
2358—61		—	+	+	3389—90		—	+	+
2362—5	U	+	—	—	3403—10	U	+	—	—
2368—9.	U	+	—	—	3504		+	+	—
2386—7		—	+	+	3533—4	L	—	+	+
2394—5		—	+	+	3573—4		+	—	+
2424—5	L	—	+	+	3577—8		+	—	—
2426—7		+	—	+	3595—8		+	+	—
2430—1		+	—	—	3638—9		+	+	—
2432—43	L	—	+	+	3640—1		+	+	—
2450—1	L U	+	—	—	3642—3		+	+	—
2458—61	U U	+	—	—	3644—51	U	+	+	—
2480—1	L	—	+	+.	3655—6		+	+	—
2498—9		+	—	—	3688—9		—	—	+
2537—8		+	+	—	3694—5	U	+	—	—
2557—8		+	—	+	3698—703		+	+	—
2582		+	+	—	3705		+	—	+
2625—6		+	+	—	3718—23		+	+	—
2643—4		+	—	—	3730—1		+	—	—
2653		+	—	+	3738—45	U	+	—	—
2657—60		+	—	—	3751		+	+	—
2681—2		+	+	—	3753		+	+	—
2685—7		+	+	—	3758—9	U	+	—	—
2705—6		—	+	+	3766—9	L	—	+	+
2717—8		+	+	—	3788—91		+	—	+
2733—4		+	—	+	3796—7		+	+	—
2801—4		+	+	—	3812—3	U	+	—	—
2833—6		+	—	—	3820—1	U	+	—	—
2863—4		+	—	—	3832—3	U	+	—	—
2879—30		+	—	+	3851		+	—	+
2907—8		+	—	+	3852—5	U	+	—	—
2925—8	U	+	—	—	3864—88		+	+	—
2935—6	U	+	—	—	3892—3	U	+	—	—
2945—6	U	+	—	—	3900—1	U	+	—	—
2957		+	—	—	3916—7		+	+	—
2967—8		+	+	—	3924—5		+	+	—
2995—6		+	—	—	3930—1		+	—	—
3049—54	U	+	—	—	3956—7		—	—	+
3063—4	U	+	—	—	3962—3	L	—	+	+
3071—4	U	+	—	+	3966—7	L	—	+	+
3079		+	—	+	3970—3		+	—	—
3080—5		+	—	—	3980—1	U	+	—	—
3099—100		+	—	—	3990—1		—	—	+
3153—4		+	+	—	3996—7		—	—	+
3157—60		+	—	+	4048—9		—	—	+
3169—72	U	+	—	—	4054—70		+	+	—
3225—6		+	—	—	4071—6		+	—	—
3233—6	U	+	—	—	4077—99		+	+	—
3247—8		+	—	+	4100—3		+	+	—
3249—50		+	—	—	4104—9		+	+	—
3267—8	U	+	—	—	4110—3	U	+	—	—
3297—8	U	+	—	—	4118—9		+	—	+

	U	A	B	C		U	A	B	C
4120-5	U	+	—	—	4186—95		+	—	+
4130—1		+	—	—	4206—13		+	—	+
4134—5		+	+	—	4216—23		+	—	+
4142—5		+	—	+	4224—5	U	+	—	—
4152—9		+	—	—	4236-9		+	—	Explicit
4160—2		+	—	+	4246—7		+	—	
4163		+	—	—	4276—7		+	—	
4165		+	+	—	4302—5		+	—	
4170-3		+	—	+	4308-9		+	—	
4176—9		+	—	+	4328—9		+	—	
4184		+	—	+	4352—9		+	—	
4185		+	—	—					

Klassifikation der Handschriften.

Da B und C neben gemeinsamen Lücken auf den lateinischen Text zurückgehende Partien gemeinschaftlich aufweisen, die A nicht kennt, so können sie nicht aus A geflossen sein.[*] Wohl aber könnte man bei dem auffälligen Zusammengehen von B, C das unvollständige C für einen Auszug aus dem umfangreicheren B halten. Doch dagegen sprechen folgende, wenn auch zum Teil entbehrliche, aber sich nicht in B findende Stellen: v. 342—3, 660—1, 752—3, 1030—1, 1563a—b, 2198—9, 2907—8, 3956—7, 3996—7. Doch auf L ist folgende gestützt: Wie die klare und frische Quelle den ermüdeten Landmann erquickt, „ita," fährt Honorius Kap. XX, A fort, „delectabilis favus de ore tuo distillans meam refocillat animam," und der französische Dichter v. 3687—9:

„si as tu m'ame snolee
et replenie et abevree
de bon miel a tote la ree
dont ta bouche est asavouree,"

wovon v. 3688—9 nur C angehören, vergl. Schl. S. 35. Daraus folgt, dafs C wenigstens nicht ganz aus B geflossen sein kann.

Doch eine genauere Vergleichung von A, B, C und D, soweit letzteres von G. Paris abgedruckt ist, unter sich und mit dem lateinischen Texte führt zu dem überraschenden Resultat,

---

[*] B und C stimmen zu L, während A den Text entstellt hat: v. 460—5, 666, 715, 780, 781, 812, 863, 870, 918, 1060, 2000, 2124, 2264, 2321, 2482, 2486, 2981, 3428, 3587, 3902.

dafs zunächst A, C gegen B eine Gruppe bilden. Denn es findet sich in A, C zunächst ein gemeinschaftlicher Fehler, der sich durch den Sinn als solcher beweisen läfst und durch B korrigiert wird. Es ist folgender:

Als v. 3503 die Vergnügen des Salomon denen der Guten gegenübergestellt werden, lesen A, C: et des delices Salemon, B aber richtig: et les delices Salemon werden gegen die der Seligen nur Elend sein.

Bestätigt wird unsere Vermutung, A, C eine Gruppe gegen B, durch folgende Stellen, wo B und L den Handschriften A, C als Korrektiv dienen:

1) v. 438: Genau wie L verlegt B die obere Hölle ou plus bas leu, aber A, C el plus haut lieu que la terre a. Im Elucidarius heifst es Kap. IV, C: Duo sunt inferni, superior, et inferior. Superior infima pars hujus mundi, quae plena est poenis.

2) v. 3453: Die Schnelligkeit der Gerechten schildernd, sagt der Dichter, dafs sie im Augenblick auf und nieder steigen. Dasselbe thun die Engel. Dem letzten Satze entspricht in

B et li angle dieu alusint font,
A. et li angele devisey sont,
C et li angle devise lont.

Der Elucidarius liest Kap. XVIII, D: Hoc etenim angeli facere possunt.

Das Resultat unserer bisherigen Untersuchung ist nun kurz folgendes: A, C gehören wegen gemeinschaftlicher Fehler zusammen, doch ist C nicht aus A geflossen. Wir müssen daher annehmen, dafs A, C auf eine gemeinsame Quelle x zurückgehen. Doch dafs C nicht nur aus x geflossen ist und noch nähere Beziehungen zwischen B und C bestehen, beweisen folgende auf L zurückgehende, sich nur in A findende, also B, C gemeinschaftlich fehlende Stellen:

a) L Kap. VII, C: Illorum etiam orare, est cruciatus corporis vel bene gesta pro Christo, deo repraesentare.

v. 920—3: Et ses encor qu'est lor orer
le bienfait a deu demostrer
de lor cors le cruciëment
k'il sofrirent et le torment.

Streng genommen gehört dieser Fall nicht hierher, weil C für
v. 920—1 liest:

> Ses encore quel sont leur veu
> lor bien qu'il depriënt a deu,

sei aber doch erwähnt wegen der in B, C fehlenden Verse 922—3.

b) L Kap. VIII, A : Quae autem in poenis sunt, non appa-
rent, nisi ab angelis permittantur .... etc.

> v. 986—9: Mais celes qui en travail sont,
> ja nule fois ne s'aparont,
> se li angle ne lor otroient
> qui par conduit les i envoient.

c) L Kap. X, E: Nequaquam, sed diabolus ejus maleficiis
corpus alicujus (V* alicujus damnati) intrabit, et illud apportabit,
et in illo loquetur.

> v. 1262—6: Et la ou trovera les mors
> fera diable entrer el cors
> par art et par encantement,
> dont saudront sus isnelement,
> parler les fera a la gent.

d) L Kap. XX, B: Quod enim quisque in se non habuerit,
in altero habebit.

> v. 3930—1: Ce que li uns en soi n'avra,
> en son proismo le portera.

e) L Kap. XXI, C: Sicut isti immensa voluptate delicia-
buntur, ita illi immensa miseria amaricabuntur.

> v. 4152—5: Si con cels se deliteront
> es grans delices qu'il aront,
> si seront cels en amertume
> et en misere par costume.

f) L Kap. XXI, C: Sicut isti egregia sanitate vigebunt,
ita illi infinita infirmitate deficient.

> v. 4156—9: Si con ces grant santé aront
> ki puis enferté ne criendront,
> isi seront cil soffissant
> de male enferté et de grant.

---

* V = Variante.

Der letzte Fall gehört eigentlich auch nicht hierher, da C für
v. 4158—9 liest:

> ensi erent cil defaillant
> et de male enfreté pesant,

doch fehlen C v. 4156—7.

Diese Erscheinungen sind keinem blofsen Zufall zuzuschreiben. Denn es wäre sonderbar, wenn B, C, ganz unabhängig voneinander, in sechs Fällen dieselben auf L gestützten
Partien ausliefsen. Es müssen daher nähere Beziehungen zwischen B und C existieren.

Allen Anforderungen genügt nun die Annahme, dafs C
unter der Benutzung von B und x entstanden ist.

An ihre Vorlage traten die Schreiber von A und C be-
arbeitend heran, änderten, fügten hinzu oder liefsen aus, je nach
ihrem Geschmack.

Wie frei der Schreiber von A verfuhr, mögen folgende
Stellen zeigen:

1) Nach der Schilderung der unteren Hölle heifst es in
L Kap. IV, C: Ut sicut corpora peccantium terra cooperiun-
tur, ita animae peccantium sub terra in inferno sepeliuntur. Dem
schliefsen sich B, C genau an, wenn sie lesen:

> Car si con li cors est enfrez
> et est de terre acouvetez,
> si ont les ames sepulture
> soz terre en l'infernal ardure.

Dagegen A v. 460—5:

> Quant l'ame est partie del cors
> se il estoit mangiés de pors
> ou il fust en poldre ventés,
> ja ne seroit si tormentés
> que l'ame n'eüst sepouture
> sos terre en l'infernal ardure.

2) Als Grund der vierten Qual der Bösen giebt L Kap. IV, A
an: Qui autem hic foetore luxuriae dulciter delectabantur, juste
ibi foetore putrido (V et putredine) atrociter cruciantur.
Ebenso B, C:

> Aprés, por ce que en vieuté
> de luxure sont enorté,

trop doucement si deliterent,
come bestes si saoulerent;
par droit la puor infernal
seufrent cil sanz fin et le mal.

Dagegen vergl. A v. 680—95:

Aprés, por ce c'onques nul jor
n'orent vers dameldeu amor,
ne vers les povres en bienfais,
ne envers les mesiax des fais,
ne ne lor voldrent riens doner,
quant lor venoient demander
lor almosnes par charité,
et por le roi de majesté,
ains lor puoient si forment
qu'il nes aperchoient noient
ne nes pooient endurer,
por ce lor covient sans douter
soffrir icele grant puor
qui en infer est nuit et jor
dont il ne seront ja osté,
si con nos dist l'autorité.

Dieses Verhalten unseres Schreibers zu seiner Vorlage giebt denn auch Berechtigung zu der Vermutung, die in der Tabelle mit U bezeichneten Übergänge für sein Produkt zu halten, denn ohne dieselben schreitet die Erzählung wie in B und C schneller fort und gewinnt die Sprache an Kraft. Ganz gegen die Gewandtheit der Sprache unseres Dichters und daher auch in B und C nicht vorhanden sind mehrfache, fast wörtliche Wiederholungen, wie:

1) v. 648—9, 766—7, 1730—1:

Li maistres lors li respondi:
„Amis," fait il, „entent a mi!"

2) v. 914—5, 2032—3:

Volontiers amis le dirai
ke ja ne vos en mentirai.

3) v. 1726—7, 1908—9:

„Maistres," dist il, „par vo comant
encor voil demander avant."

4) v. 2935—6, 3820—1, 4246—7:

Aprés li a li maistre dit:
„Amis, enten moi un petit!"

5) v. 3049—50, 3063 — 4, 3612—3:

> Li disciples li respondi:
> „Maistre, je l'ai mout bien oï!"

6) v. 3232—3, 3407—8, 3648—9:

> Li maistres dist: „Amis, enten
> et si retien et si apren!"

Dem Schreiber von A sind auch die letzten acht, B fehlenden Verse zuzuschreiben, wo er, „qui che escrit", Gott bittet, ihm Verstand zu geben, so zu handeln, dafs er die Qualen der Hölle vermeiden und die Freuden des Paradieses geniefsen könne. C hat einmal eine Umstellung vorgenommen (322—35, 288—319). B ist äufserst flüchtig kopiert. In vielen Fällen (vergl. Tabelle) fehlt entweder zur vorhergehenden oder folgenden Zeile der entsprechende Reimvers. Den Passus von v. 750 an kopiert der Schreiber nach v. 799 ein zweites Mal, bricht aber nach drei Zeilen, seinen Irrtum noch rechtzeitig gewahr werdend, ab, dann überspringt er wieder v. 1899 und trägt ihn acht Zeilen später nach. Die Vorlage von B war eine zuweilen vom Original abweichende Bearbeitung y, eine Vermutung, die folgende auf L gestützte Stellen zu bestätigen scheinen:

1) Als der Schüler in L Kap. XI, E den Lehrer fragt, „qua aetate vel mensura" die Guten auferstehen würden, antwortet dieser: „Qua erant, si (V cum) essent triginta annorum," und dem schliefsen sich A, C v. 1772 an: En sanblance ereut de .xxx. ans, während B .xxxiii. liest.

2) In der Beschreibung der Kleidung der Gerechten folgen A, C gegen B genau L Kap. XVI, E: Salus autem justorum et laetitia erunt illorum vestimenta, indem sie lesen v. 2336:

> Il seront ilueques vestu
> de grant leece et de salu,

B dagegen: de grant biauté, de grant vertu.

Das Endresultat unserer Untersuchung ist also folgendes: A hatte zur Quelle eine Vorlage x, welche die A, C gemeinschaftlichen Fehler enthielt, aber das Original vollständig gab, also auch die auf L zurückgehenden, aber in A fehlenden Stellen von C; B ist eine flüchtige Kopie einer Bearbeitung y und unabhängig von A, C aber eine eklektische Bearbeitung

von x und B, worauf sich das B, C eigentümliche Fehlen von
durch L gestützten Stellen zurückführen läſst.

Diese Verhältnisse lassen sich, wenn O das Original be-
deutet und die Länge der Vertikalstriche den Grad der Ent-
fernung von O angiebt, durch folgende Figur veranschaulichen:*

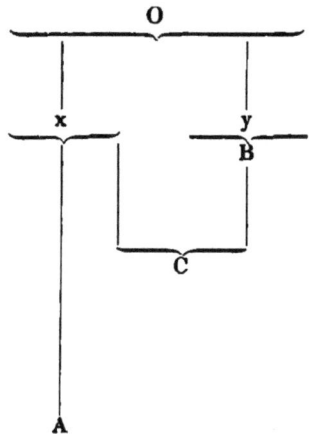

Für eine kritische Bearbeitung des Textes ergiebt sich dem-
nach, daſs jede Übereinstimmung von A, B den Originaltext liefert.

Was D angeht, so zeigt eine Vergleichung des Abdrucks
von G. Paris mit den übrigen Handschriften, daſs D den Handschriften B, C näher steht als A.

E tritt infolge der mit C gemeinschaftlichen Umstellung
von demandaesse und osasse in nähere Beziehung zu C.

Die Person des Dichters.

Über die Person des Dichters erfahren wir näheres am
Schluſs des Lucidaire v. 4338—47, wo der Dichter ausruft:

---

* Die auf S. 45 bei Schl. befindliche Klassifikation der Handschriften
ist weder genau noch überzeugend. Denn aus gemeinsamen Varianten,
übereinstimmenden Versen, möglicherweise vom Dichter herrührenden Erweiterungen und Zusätzen können in Bezug auf das Verhältnis der Handschriften zueinander nicht immer endgültige Schlüsse gezogen werden. Un-
trügerische Kriterien liefern nur gemeinschaftliche Fehler. Hätte Schl. die
Handschriften auf solche geprüft und kritisch behandelt, so hätten ihm
die nahen Beziehungen zwischen A, C (B) nicht entgehen können. — Ferner
wird man weniger von Mittelstufen zwischen B und C als von Bearbeitungen
von B (C) sprechen müssen.

„Merchi cri a cels, qui l'oront
et qui bone essample i prendront,
qu'il depriënt le fils Marie
qui por nos vint de mort a vie,
qu'il merchi ait de Gillebert
et qu'en son regne le herbert,
cil qui a Quambroi fu noris,
a Beaubec a deu convertis,
de sa mere meesmement
et de ses amis enseinent!"

Der Name des Verfassers ist also Gillebert. In der Angabe des Ortes, wo der Dichter erzogen wurde, v. 4344, gehen die Handschriften auseinander. A nennt Chambres (Dép. de la Manche). Doch einen Ort der Normandie als Heimat des Dichters anzunehmen, verbietet uns, wie wir sehen werden, die Sprache. Ich bevorzuge daher die Lesart von B „Quambroi", das wir nach dem Resultat der Sprachuntersuchung mit Cambrai (Dép. du Nord) werden identifizieren dürfen.* Nach A war er in Beaubec (Dép. de la Seine inférieure) „a deu convertis", d. h. wahrscheinlich in die 1116 oder 1127 gegründete Cistercienser Abtei eingetreten. In B ist die zweite Silbe dieses Ortsnamens nicht recht erkennbar; man kann lesen Belboec und Belborc. Wahrscheinlich lebte Gillebert in seiner Jugend in Cambrai und zog sich im späteren Alter in ein normannisches Kloster zurück.

Über Peter von Peckham, den Verfasser der Lumiere as Lais sagt P. Meyer in der Romania VIII, 327: „Il s'est nommé non pas par vanité, mais pour obtenir le bénéfice des prières de ses lecteurs, pieux motif auquel nous devons en plus d'un cas de connaître les noms de ceux qui, au moyen âge, composèrent des poésies morales et religieuses."

Diese Ansicht läfst sich auch für unseren Dichter geltend machen. Die Angabe seines Namens ist nur in dem frommen Wunsche begründet, in das Gebet seiner Leser eingeschlossen zu werden, damit er mit seiner Mutter und seinen Freunden vor Gott Gnade und in dessen Reiche Herberge finde, v. 4338—47.

---

* Auf keinen Fall war er aus Launoy, wie Schladebach S. 47 ohne jeglichen Grund vermutet.

· Die Sprache des Dichters.

A. Ergebnisse der Untersuchung der Reime.

a) Vokale.

1) o. o¹, das tiefe geschlossene, und o², das hohe offene o, werden stets gesondert.

2) an und en werden nicht vermischt. noient 279, negligent 650, esciënt 967, 2969, occhident 2378 haben e. Mit a und e werden im Lucidaire dolent und talent gebraucht:* dolans : ans 3243; dolent : haltement 501, : froment 726, : torment 1284; dolens : tormens 1012, : pulens 3551; talant : avant 248; talent : gent 204, : voirement 982, : largement 1292, : bonement 3866. Die vom Part. Präs. und Gerundium abgeleiteten Substantiva gleichen sich in der Endung ance der ersten Konjugation an: conissance : ramenbrance 874, etc.

3) e¹, das offene e (aus lat. ĕ oder ae in geschlossener Silbe), e², das halb offene e (aus lat. ē oder ĭ in geschlossener Silbe), und e³, das geschlossene e (aus lat. a in offener Silbe) hat der Dichter nicht vermischt. Beispiele: e¹: aprés : pres 1023, terre : conquerre 1360, estre : senestre 1866, bele : novele 2565. e²: destrece : tristrece 291, 1875, : leece 422 etc. e³: de : virginité 151, : majesté 1431 etc. Ob der Reim bele : mele 2509 dem Dichter angehört, lassen die Lesarten von B bele : vice und C eüst : fust unentschieden.

4) i. ĕ + i ergab in der Sprache unseres Dichters keinen Diphthong oder Triphthong, sondern i. Beweisend ist der Reim (ire): : baptestire 1367, doch als in Übergängen befindlich weniger belegend: desir : (plaisir) 1910, (respondi) : pri (preco) 1971, (dit) : delit 3234.

---

* Schladebach erwähnt S. 56 nicht den gemischten Gebrauch von dolent und talent, giebt dagegen irrig an, dafs noient mit a und e im Lucidaire gebraucht werde. Die hier einschlägigen Verse 276—9 lauten:

Li un sont ichi espurgié,
quant lor cors sont bien cruchié
(v. 263)   et traveillié de male gent
qui nes deportent de noient

(B gent : neant, C gent : nient). Schladebach liest unbegreiflicherweise grant statt gent, obwohl B,C gent ausschreiben und grant keinen Sinn giebt. — Ebensowenig ist noians 1832 (v. 1682), das übrigens alle drei Handschriften nicht mit s, sondern t überliefern, für die Sprache des Dichters gesichert, denn A liest: certainemant : noiant, B neant : haustement, C noient : hautement.

b) Diphthonge.

5) ui. Der Lucidaïre weist keinen Reim auf, der den Übergang
ŏ + i zu ui bewiese.

6) oi. Für die Vermischung von abam und ebam zeigt unser
Gedicht mehrere Beispiele: venoient : lechoient 474, amoient : faisoient
704, servoient : sauvoient 1008, lapidoient : faisoient 1946.

. Der Reim ot : sormontot 3952 dürfte beweisen, daſs Gillebert
auch die Imperfektbildung der ersten Konjugation auf -oe, -oue kannte
(vergl. H. Suchier Z. F. R. P. II, 276 „im Pikardischen wurde aller
Wahrscheinlichkeit nach das normannische -oe (amoe) gesprochen, ehe
-oie (aus ebam) die Alleinherrschaft an sich riſs").

7) ai. ai reimt im allgemeinen nur mit sich selbst. Doch be-
gegnen uns auch Bindungen von ai zu e[1], die beweisen, daſs ai in geschlossener Silbe wie offenes e gesprochen wurde: estre : maistre 326,
: naistre 1194, set (septem) : ait 2474, aprés : mais 3303. Ferner
finden sich Reime, in denen ei aus lat. ē oder I vor n zu ai wird und
mit ai aus lat. a gebunden ist: paine : semaine 308, 628, mains (minus)
: daerains 950.

8) ie. e und ie sind auseinander gehalten. Der Reim pendié :
clocifié 1906 scheint zu beweisen, daſs Gillebert noch die alte Endung
-ie des Perfektums der zweiten schwachen Konjugation kannte, doch
läſst sich keine sichere Entscheidung treffen, da B v. 1905—6 fehlen
und C pendi : soffri bindet. Doch durch A, B gesichert ist der Reim
vesquié : haitié 3255.

9) Für die Kontraktion der Endung -iee des Femininums des
Part. Perf. der Verba auf ier zu ie zeigt der Lucidaire keine beweisende
Beispiele.

10) ui wird mit i gebunden: achoisi : lui 496, fist : destruist
1226, : estruit 4252, trestuit : contredit 2625.

c) Konsonanten.

11) Ob die Auflösung des l dem Dichter angehört, läſst sich aus
dem Reim cevols : angoisous 2845 nicht mit Sicherheit feststellen, da
in B, C der entsprechende chevox : dieux (dolium) lautet.

12) s. Einfaches s und s als Produkt von t (d) + s hält der
Dichter streng auseinander. Doch reimen ans : grans 1217, : enfans
1733, : dolans 3244, : vaillans 4060. Er wird also anz gesprochen haben.

Ohne Beweiskraft ist der Reim paradis : esperis 121, denn B

reimt paradiz : viz und C faitis : mis, ebensowenig benis : paradis 246 und amis : fis (fidus) 3900, die in Übergängen befindlich als unecht bezeichnet werden dürfen.

13) Die Bindungen von s mit d und t scheinen zu beweisen, dafs diese Konsonanten zuweilen stumm waren: clost : conplot 1626, David : amis 2999, : garnis 3275, soemist : contredit 3323, fist : estruit 4252. Der Reim venus : uns 2903 ist unecht, da diese Stelle, mit B, C verglichen, als eine Verderbnis erscheint.

14) In dem Reime (montaignes) : plaignes 2878 steht mouilliertes n, wo es sonst nicht gewöhnlich ist.

B. Ergebnisse der Silbenzählung.

15) Verschiedene Verse des Lucidaire geben nur dann acht Silben, wenn wir die Nichtelision eines auslautenden e annehmen, eine Erscheinung, die sich dadurch erklärt, dafs Gillebert das dumpfe e nach schweren Konsonantengruppen in den Hiatus treten liefs. Beispiele bieten folgende Verse: dont la terrë est pupliee 54, disciplinë et ne l'amerent 697, et au sepulcrë iront liez 1390, et l'autrë est esperitez 1643, por .x. millë est aconté 2682, et atemprancë et justice 4285. Unsicher sind folgende: Maistrë, or me dites briefment 2109, Li maistrë en ore respont 2173, 2328, Dist li maistrë: „Or i entent" 2448, Dist li maistrë: „Amis enten" 3407. In dem Verse .vii. especiax vertus aront 2471 weichen A, B, C bedeutend voneinander ab. B liest: .vii. esperitcux gloires avront, C aber: .vii. grandes boneïrtés ont, I. Kap. XVII, C: Septem speciales (V spirituales) glorias corporis habebunt, et septem animae. Man wird especiax dreisilbig lesen müssen, obwohl es v. 4100, 4289 viersilbig gebraucht ist. celestiël v. 4205 ist viersilbig.

16) ie ist einsilbig in Filistiens v. 3058, zweisilbig in Domiciëns 1146, chrestiëns 1147, 1220, 1853, 2128, 4004, anchiën 1161, 1321, 1375, 3345, devriëns 2007, 2009, ensipiënce 4167, terriën 4315, Typriëns 4329.

Saül 2985 ist zweisilbig.

17) Vom Substantivum.

a) Bezüglich des s, das die Maskulina der ersten und dritten Deklination auf e später im Nom. Sing. annehmen konnten, zeigt die Sprache des Dichters ein Schwanken. Das flexivische s ist noch nicht vorhanden in: pere 502, ministre 1159, dire : sire 1770, sire 2543.

2

Doch findet sich daneben auch leres 1012, hermites 1155, menres 3523, graindres 3527, mires 3844, Basires 4328. Von den Adjektiven hat povres 520 das s des Nom. Sing. angenommen. Den einzigen als Acc. fungierenden Nom. bietet v. 103:

Del juste est con del riche ber,
quant il doit sa feme espouser.

b) Die Frage, ob die Feminina nach der lateinischen dritten Deklination im Nom. Sing. ein s annehmen, ist schwer zu entscheiden. Nur in dem Reime fachon : raison 2859 stimmen die Handschriften überein. Wie sie sonst auseinandergehen, zeigen folgende Reime, in denen Feminina nach der lateinischen dritten Deklination als Nom. Sing. fungieren:

A, B greignor : menor 310, : baldor 934, C hat anderen Text; A, B carbon : avon 3549, C carbons : avons; A tribulation : trovon 1304, B tribulations : treuve on, C tribulations : creons; A santé : enfermeté 3656, B santez : enfermetez, C fehlt; A maison : habitation 364, B weicht ab, C maisons : habitations; A baudor : honor 2879, B fehlt, C baudors : honors.

Hieraus ersehen wir, dafs Gillebert sicher die ältere Form kannte.

18) Vom Adjektivum. Die Adjektiva der lateinischen dritten Deklination haben im Femininum im allgemeinen noch kein e angenommen. Beispiele: quel 329, 2141, tel 369, 433, 666, 727, 884 etc., ardant 542, itel 3167, grant 2488, 3932, 3940, 3954 etc., griefment 335, briefment 413, forment 638, 668, corporelment 2920, esperitelment 2921.

Eine Ausnahme macht tele 2280, das aber durch itel ersetzt werden könnte, ferner quelle 1337, presentement 1542.

19) Vom Pronomen. Für die Anlehnung der Pronomina le und les an je, ne (non und nec), qui, se oder si bietet unser Text folgende Beispiele:

a) jel 349, 350, 1112, 1894, 1913, 1997, 2044, ges 3158, die aber nichts für die Sprache des Dichters beweisen.

b) nel 1239, 1420, nes 279, 1408, 1453 dagegen sind durch A, B, C gestützt, ebenso

c) ques 3659, doch nicht quil 3336, quis 2015, 3402, 4085, ques 2913.

d) (si, wenn) ses 569, (si, sic) sel 2427, ses 2904, sis 3107, 4108. Da B, C in den letzten Beispielen abweichen, so können diese auch Produkt des Schreibers von A sein.

Li der Dativ der unbetonten Form des Pron. Pers. verliert sein i vor en: onques nul dangier ne l'en fist 72. Über die betonte Form des Pron. Pers. in der ersten und zweiten Person Sing. geben die Reime moi : croi 432, : foi 513, toi : voi 77, : croi 2900 Aufklärung. Der Reim respondi : mi befindet sich in Übergängen 648, 1730.

20) Der Artikel. Der Artikel li als Nom. Sing. kann gekürzt werden: l'autre 851, 1380, 1934, 4266, l'uns 2008, 3860, l'angles 1772, daneben aber auch li ewangiles 467, li un, li altre 950, 3550, 3875, li uns 3539.

21) Das Verbum.

a) Die erste Pers. Sing. Präs. Ind. der ersten schwachen Konjugation zeigt noch kein e: pri 232, 413, 536, cri 502, espoir 981, comant 1081.

b) Vor vokalischem Anlaut verliert das e der dritten Pers. Sing. Präs. seinen Silbenwert: „Maistre," dist il, „dex regne en toi" 74, qui maine o soi grant conpaignie 105, puis l'en amaine a grant leece 107, ains que dex vigne al jugement 407, vergl. ferner sueffre 426, apele 600, conbate 2639, amaine 3850.

c) Die Endung -iés der zweiten Pers. Plur. Imp. ist stets einsilbig: tenriés 568, oisiés 569, veïsiés 2590, gheroiés 2861, faisiés 2862, poriés 3662.

Der Reim se vos le me voliés dire 328, wo -iés zweisilbig ist, geht auf Kosten des Schreibers von A, der, wie die Varianten zeigen, seine Vorlage erweitert hat.

d) Neben der regelmäfsigen Bildung des Futurums der ersten schwachen Konjugation kennt der Dichter auch die Unterdrückung des unbetonten e zwischen Verschlufs- oder Reibelaut und folgendem r: donra 1282, 1288, 2339, 3394, 3438, 3638, 3692, 4006, dura 1306, demorai 2496. Nicht sicher sind demandrai 2381 und comandrai 4251.

Ob Gillebert sich den Einschub des unbetonten e erlaubte, läfst sich nicht mit Sicherheit feststellen, da folgende Stellen: istera 2215, esteroit 4058, averoit 3417, esteront 3443, estera 3958, renderont 4045 sämtlich mit B, C variieren und daher auch dem Bearbeiter von A zugeschrieben werden können. Die Übereinstimmung von A, C in esteroit 3264 beweist wegen der nahen Beziehungen von A, C zueinander nichts für die Sprache des Dichters.

22) neïs 1182 und nïent 279, 817 werden immer zweisilbig gebraucht.

Durch die Vermischung von abam und ebam (6) wird das Normannische sofort ausgeschlossen. Die Einsilbigkeit der Endung -iés der zweiten Pers. Plur. Imp. (21, c) versetzt unser Denkmal in die Pikardie. Ohne Beweiskraft ist der Reim issir : veïr 3159, der nach H. Suchier, Auc. u. Nic. p. 68 auch in den Loherains im Reime steht. Der schwankende Gebrauch des s im Nom. Sing. bei den Maskulinis der ersten und dritten Deklination, die Anwendung der älteren Form des Nom. Sing. der Feminina der lateinischen dritten Deklination, das Fehlen des e femininum bei den Adjektiven der lateinischen dritten Deklination und endlich das Verstummen des e in der dritten Pers. Sing. Präs. der ersten Konjugation vor folgendem Vokal weisen auf das Ende des 12. oder den Anfang des 13. Jahrhunderts hin. Die zweite Hälfte des 13. Jahrhunderts kommt nicht in Betracht, da Handschrift A im Jahre 1268 vollendet wurde.

Das Verhältnis des Lucidaire zum lateinischen Texte.

Obwohl Teil III der Schladebachschen Dissertation diesen Teil meiner Arbeit in einigen Punkten überflüssig macht, so gewährt doch die Art und Weise jener Untersuchung keinen genügenden Einblick in das wahre Verhalten des Gillebert zu seiner Vorlage und macht meine Untersuchung nicht überflüssig, sondern in einigen Punkten sogar notwendig. Der Erleichterung wegen habe ich am Rande meines französischen Textes die lateinische Kapitelzählung in eckigen Klammern angegeben.

Der Hauptzweck des Gillebert bei der Abfassung seines Lucidaire war, das Volk zum Guten zu führen und auf das jenseitige Wohl hinzuweisen. Er schrieb daher ohne jede Spitzfindigkeit, klar und einfach, wie es der damaligen Volksbildung angemessen war. Die Tendenz seines Werkes und wie er dasselbe verfafste, sagt er uns v. 4334—7:

> „Por bien et por amendement
> l'ai escrit si apertement
> que li clers et la simple gent
> i poënt prendre amendement."

Ich werde mich daher nicht, wie Schladebach, mit einer nackten Aufzählung einzelner Unterdrückungen und Erweiterungen begnügen, sondern zeigen, wie der Dichter, geleitet von jenen Grundsätzen, sich zum Elucidarius verhält.

Betrachten wir zunächst Gilleberts Unterdrückungen im lateinischen Texte. Im ersten Kapitel übergeht er den Vergleich des Schülers und seiner Fragen mit der Hydra und deren Köpfen, da er jene Sage bei dem ungebildeten Volke nicht als bekannt voraussetzen konnte und eine Behandlung derselben seinem Zwecke nicht entsprochen haben würde. Als zu gelehrt und spitzfindig läfst der Dichter die auf S. 17 bei Schladebach behandelte Frage des Schülers aus, warum die nicht Vollkommenen gerade bis zum siebenten, dreifsigsten Tage oder bis an das Ende des Jahres dulden. Aus gleichen Gründen wohl auch das in Kap. X* durchaus dogmatisch behandelte Überheben des Antichrists, ferner in Kap. XVIII, D den Beweis, dafs der Glanz der Guten ums Siebenfache den der Sonne in der Sommerszeit übertreffe. Nämlich Gott als Schöpfer der Sonne habe mehr Klarheit, die Menschen seien der Tempel Gottes, in dem Gott wohnt, folglich müssen diese in gröfserer Klarheit leuchten als die Sonne. Über die in Kap. XV, E unterdrückten Fragen des Schülers: „Quid est transiens ministrabit illis?" (Luc. 12, v. 27) etc., vergl. Schladebach S. 18.

Mit Recht unterdrückt Gillebert schon erwähnte Stellen. In Kap. VI, A [v. 844—73]** von der unteren Hölle sprechend, übergeht er „unde et dives rogabat a Lazaro guttam super se stillari," welchen Zusatz er ganz richtig schon in der Geschichte vom reichen Manne durch v. 501—6 als erledigt betrachtet, ebenso scheint in Kap. XIV, E [2050—203] die Frage des Schülers: „Quomodo judicabuntur?" und Antwort des Lehrers: „Coelesti palatio, qui haec fecerunt, digni censebuntur" durch v. 2042—9 abgethan, wo schon von dem Wie und dem Resultat des Urteils die Rede war. In Anschlufs an Kap. XV erzählt der Dichter bis v. 2251 die Reinigung der Elemente und thut den glücklichen Griff, Kap. XV, A den Vergleich zwischen der Verwandlung unseres Körpers und der Erde zu übergehen. Er sah richtig voraus, dafs er sich bei der folgenden eingehenderen

---

* Obwohl Kap. X durch den Libellus de Antichristo des Adso ersetzt ist, werde ich im folgenden doch die Bezeichnung „Kap. X" beibehalten.
** Die in der eckigen Klammer stehenden Verszahlen geben die dem Kapitel entsprechende Partie meines Textes an.

Schilderung der Verwandlung der Erde v. 2278—307 wiederholen
mufste. Ein anderes Beispiel für geschickte Vermeidung von
Wiederholung bietet Kap. XVI, D [v. 2308—82]. Hier läfst
der Dichter die zweite Frage des Schülers: „In qua aetate, vel
in qua mensura erunt?" aus, sich wohl erinnernd, dafs er derselben
schon Kap. XI, E bei der Auferstehung der Guten und Bösen
begegnet ist und sie in v. 1732—51 behandelt hat. Wohl als
selbstverständlich unterdrückt Gillebert Kap. VII den auf die
Guten bezüglichen Schlufssatz des Kapitels „Non tamen aliquid
orant, nisi quod ipse deus disposuit facere : alioquin incassum
orarent", da es ihm ganz natürlich scheint, dafs die Guten Gott
um nichts Böses bitten werden. Ferner Kap. IX die Träume,
zu denen der Mensch selbst Anlafs giebt, da dieselben, im
Grunde genommen, doch wieder ihren Ursprung in Gott oder
dem Teufel haben (vergl. Schl. S. 17), und endlich in Kap. XX, C
die Erledigung der Frage, warum die Seligen Himmel und Erde
nicht neu gestalten, vergl. Schl. S. 18.

Den Fortschritt der Handlung nur hemmende Vergleiche
und Citate aus der Bibel sind für unseren Dichter auch entbehrlich. So in Kap. VIII, D. Der Schüler fragt: „Habent
plenum gaudium sancti?" Den die Antwort des Lehrers aus-
machenden Vergleich der Heiligen mit Gästen, die über ihre
eigene Einladung Freude, aber über das Nichterscheinen ihrer
Freunde Schmerz empfinden, unterdrückt der Dichter und geht
sofort ad rem, indem er an das „plenum" in der Frage des
Schülers anknüpft und dieselbe durch v. 926—35 beantwortet.
Von angeführten Bibelstellen seiner Vorlage entnimmt er nur
die kräftigste. So übergeht er in Kap. XI, C das auf das
Ertönen der Posaune bezügliche „Canet enim tuba, et mortui
resurgent" (1. Kor. 15, v. 52), ferner „Periit memoria eorum cum
sonitu" (Psal. 9, v. 7), schliefst sich sodann in den Versen
1618—21 wieder an die Worte „et altissima (V. altisona) voce
mortuis clamabunt, surgite" an, erlaubt sich aber sofort folgende
zweite, sich unmittelbar an den vorhergehenden Anschlufs an-
reihende Unterdrückung: Media nocte clamor factus est (Matth.
25, v. 6). Gillebert nimmt also für seinen Lucidaire nur das
wichtige „surgite" heraus und fühlt ganz richtig, dafs dies auf
das Gemüt des Volkes seine Wirkung nicht verfehlen konnte.

Vollständig entbehrlich scheint dem Dichter in Kap. XIV, E die auf die Worte „Kommt ihr Gesegneten meines Vaters etc." bezügliche Frage: „Dicentur haec sonis verborum?" (vergl. Schl. S. 17), desgleichen die Kap. XXI, A enthaltenen Bibelstellen, wie das sich auf den Wagen Christi beziehende „Ascendes super equos tuos : et quadrigae tuae salvatio" (Abac. 3, v. 8) und das auf die vier Tugenden bezügliche „Hierusalem, quae aedificatur ut civitas" (Psal. 122, v. 3).

Wie geschickt Gillebert vermeidet, seinen Leser zu ermüden, zeigt Kap. XVIII, A. Nur über die sieben leiblichen Güter und das erste geistige läfst der Dichter den Schüler sein Erstaunen durch ·Ausrufe ausdrücken, doch nicht über die übrigen sechs geistigen. In L erwidert der Schüler auf die Freundschaft des David und Jonathan v. 3303—10 „O beatitudo!", auf die Eintracht des Laelius und Scipio v. 3320 „O ineffabilitas!" etc. Nachdem Gillebert die ersten acht Ausdrücke der Verwunderung berücksichtigt hatte, mochte er den Eindruck gewinnen, dafs die Anführung der übrigen sechs äufserst ermüden mufste. Auch mochte er sich der Unmöglichkeit bewufst sein, jene Ausrufe wegen des Versmafses und der Fessel des Reimes mit der Kürze und Bündigkeit des lateinischen Textes wiederzugeben.

Als absurd und gegen die Tendenz seines Werkes unterdrückt der Dichter in Kap. VIII, B das Erscheinen des Papstes Benedikt halb als Esel und Bär (vergl. Schl. S. 17), ebenso in Kap. XI, E die Frage, ob das Kind im Mutterleibe und wie der Mensch auferstehe, der von wilden·Tieren gefressen wurde oder mifsgeboren war, vergl. Schl. S. 19.

Geschickt weifs Gillebert auch auszulassen, um anderen Stellen gröfseren Nachdruck zu geben. Um das Schicksal der Verdammten noch härter darzustellen, dient der künstlerischen Absicht des Dichters im Kap. VIII, E die Unterdrückung der Angabe, dafs einige Seelen der Bösen einige Kenntnis besitzen. Kap. X entnimmt der Dichter nur die letzte der beiden Todesarten, übergeht dagegen, dafs der Antichrist vor dem Glanze des göttlichen Lichtes und vor Furcht sterben werde. Diese Todesart machte offenbar weniger Effekt als seine Vernichtung durch den Erzengel Michael.

Und wenn Honorius sich am Schlufs des Elucidarius über die Wirkung der Ausscheidung der Bösen als den rauhen Steinen in Bezug auf die Festigkeit der Mauer ausläfst, indem er sagt: „De quorum exitio justi vinculo charitatis quasi caemento murus firmius compaginabuntur", so ist auch hier das Streben nach kräftiger Schilderung unverkennbar, wenn er diese Stelle übergeht und mit der Qual der Bösen im Feuer und mit der Freude der Guten im Himmel abbricht.

Neben diesen meistens motivierten Unterdrückungen zeigt Gillebert auch andere, für die sich kein rechter Grund angeben läfst. So in Kap. X für die Auslassung der Schilderung, wie die Menschen sich bei der Verfolgung durch den Antichrist gebärden werden und in Kap. XIX, B der Ausspruch, dafs die Begierde nach weltlichen Vergnügen uns so intensiv durchdringe wie der Schmerz, den uns ein an den Kopf gelegtes glühendes Eisen verursache (vergl. Schl. S. 18). Dies mufs uns um so mehr wundern, als die Behandlung dieser Stelle ganz im Sinne des Lucidaire gewesen wäre, indem dem Leser der Grad seiner Sinnenlust veranschaulicht wurde. Hierher könnte man auch aus Kap. XIV, C die symbolisch-allegorische Deutung rechnen von Apok. 20, v. 12: Libri aperti sunt; et liber vitæ, etc. Doch hat Schl. unrecht, wenn er S. 18 diese Stelle als „gänzlich" unberücksichtigt hinstellt. Der Dichter berührt sie, wenn auch nur äufserst flüchtig, in den v. 2202—3:

> Iluec liront con en un livre,
> s'il seront dampné ou delivre

und nimmt den Hauptgedanken dieses Passus richtig heraus. Allerdings würde eine eingehendere Behandlung dieser Stelle nicht gegen die Tendenz des Lucidaire gewesen sein. Dafs der Dichter in Kap. XV, A die eingehende Schilderung der Welt durch Feuer v. 2240 nur mit dem einfachen:

> Par fu sera tot degasté

wiedergiebt, mufs uns wundern, da er doch sonst immer darauf aus ist, durch kräftige Schilderung auf seine Leser zu wirken. Wenn Gillebert einerseits Stellen übergeht, so führt er andererseits in L nur kurz angedeutete Gedanken weiter aus und versieht sie mit Produkten eigener Phantasie. Das ge-

schieht hauptsächlich bei Stoff, der die Gemüter mächtig ergriff
und wohl geeignet war, die Menschen zur Reue und Bufse
zu bewegen, wie ihn Kap. IV „De malorum deductione ad in-
feros; et de poenis et quas ibi sustinent" bietet. Hier bewaffnet
er beim Tode der Bösen den Teufel mit Spiefsen, Haken und
Stacheln, läfst sie hüpfen, tanzen und springen und erzählt
ausführlich die in L nur kurz erwähnte Geschichte vom reichen
Manne und armen Lazarus. Die Höllenqualen schildernd, bezeichnet er alles Aas der Welt im Vergleich zu dem „foetor
intolerabilis" der vierten Qual als Weihrauch und Wohlgeruch,
läfst in die sechste ohne Unterschied Könige und Herzöge,
Geistliche und Laien eingehen und zeigt endlich, dafs in der
achten das Feuer nicht leuchte, aber von schrecklicher Glut sei.
Ausführlich gegen L erzählt der Dichter in Kap. IX den Traum
des Joseph von Sonne, Mond und Sternen, den des Joseph,
des Gemahls der Maria, und ganz nach eigener Phantasie den
der Frau des Pilatus. Letzterer scheint eine Erweiterung des
zweiten Kapitels der Gesta Pilati zu sein (vergl. C. v. Tischen-
dorf, Evangelia Apocrypha S. 343). Die Angabe, dafs der
Antichrist dreifsig Jahre alt sein wird, fehlt dem zehnten Kapitel, ebenso, dafs Enoch und Elias, die uns das Kommen des
Antichrists ankündigen, in grofser Pracht und Klarheit erscheinen werden v. 1454—9, auch die Freude des Antichrists und
der Seinigen auf dem Ölberge über seinen vermeintlichen Sieg
v. 1512—28. Dafs der Antichrist durch einen Blitzstrahl vom
Erzengel Michael getötet, in Pulver verwandelt, vom Winde
verweht und seine Seele in die Hölle geschleppt wird, ist eine
phantasievolle Ausschmückung, und die Angabe, dafs die Anhänger des Antichrists über den jähen Sturz ihres Herrn er-
staunt sein werden v. 1544—53, eine eigene Betrachtung des
Dichters. Eingehender als Honorius erklärt Gillebert, der Un-
kenntnis des Volkes Rechnung tragend, in Kap. XIV, A die
Frage, was es heifse, dafs die Gottlosen beim Gericht sich
nicht erheben, sondern ohne Gericht untergehen werden. In L
lautet die entsprechende Stelle:

Discipulus: „Quare dicitur de eis : *Non resurgent impii in
judicio?*" (Psal. 1, v. 5, Psal. 20, v. 10).

Magister: „Non contingot illis, ut ibi judicent; sicut hic

fecerunt. De his dicitur: *Pones eos ut clibanum ignis in tempore vultus tui.*" Dagegen vergl. Lucidaire v. 2115—23:

> Ce senefie lor vertu
> ki fu plaine d'inniquité
> el siecle et de grant crualté.
> Cil jugierent a lor talent
> lor voisins et la povre gent,
> mais lores, quant il resordront,
> ne bien ne mal ne jugeront,
> perdu avront lor poësté
> dont il jugoient contre de.

Aus gleichem Grunde erläutert er die in Kap. XVIII zur Erklärung der vierzehn Tugenden angegebenen Beispiele, wird aber breit, indem er Dinge erzählt, die seinem Zwecke gar nicht entsprechen, vergl. Schl. S. 20—21. Wie er seiner Phantasie die Zügel schiefsen läfst, zeigt die Schilderung von Joabs Auszug, wo so recht das ritterliche Element des Mittelalters durchbricht. Der Dichter ruft v. 2697—702 aus:

> „La veïssiés espiels brandir,
> escus a fin or resplendir,
> heaumes luire et estinceler
> et ces ensegnes venteler
> et ces eskieles aprochier,
> l'une vers lautre cevalchier!"

und als Joab kämpft v. 2725—8:

> „Onc puis n'i ot resne tenue.
> La ot tante lance esmolue
> brisie et tant escu perchié
> et tant bon haubere desmaillié!"

Davids Klage über seinen Sohn Absolom vergl. Schl. S. 59. Eigentlich alles vom Dichter über Absolom Gesagte, aufser was dessen Schönheit betrifft, gehört streng genommen nicht zur Sache und läfst sich nur insofern rechtfertigen, als es die Strafe für die Versündigung eines Sohnes an dem Vater veranschaulicht und so dem Leser zur Warnung dient.

Der Tendenz des Lucidaire gemäfs streut Gillebert gelegentlich ernste Ermahnungen ein, die nicht durch den latei-

nischen Text gestützt sind, so in Kap. II, wo von den Qualen
der Nichtvollkommenen die Rede ist, daſs wir schleunigst unsere
Sünden bereuen möchten. In Kap. III im Anschluſs an die
Geschichte vom reichen Manne und armen Lazarus rät er uns,
den Armen reichlich zu geben und uns des Schicksals des
Reichen zu erinnern. In Kap. XIII veranlaſst ihn die Wahr-
nehmung, daſs wir hier in unserem Urteil manchem Irrtum
unterworfen sind, zu der Mahnung, uns jedes Urteils über
andere zu enthalten und dasselbe Gott zu überlassen. Im Anschluſs an die Schrecknisse nach dem Gericht redet er in
Kap. XV in den Versen 2220—5 seinen Lesern eindringlich
ins Gewissen, ihr Leben so zu regeln, daſs sie einst der Hölle
entgehen könnten, und nach dem Tode Absoloms in Kap. XVIII,
unsere Eltern zu achten und zu lieben, damit wir geistig in
der Hölle nicht noch schrecklicher leiden als körperlich hier der
Sohn Davids. Eigentum des Dichters ist in Kap. XIX noch
die Betrachtung über die Vergänglichkeit alles irdischen Ver-
gnügens v. 3543—9.

Wenn Schl. S. 19 den Sturz der zehnten Engellegion
v. 382—409 (v. 365 — 92) als „ganz frisch hinzugefügt, durch
keine Andeutung im Original motiviert" hinstellt, so ist er im
Irrtum, denn Honorius behandelt diese Stelle im siebenten Kapitel „De casu diaboli et satellitum ejus" des ersten Buches
seines Elucidarius, das, wie Schl. S. 11 richtig angiebt, unserem Dichter bekannt war.

Dagegen bezeichnet Schl. ebenda die „signification" des
Namens Antichrist richtig als im Elucidarius nicht motiviert,
läſst jedoch die Frage offen, was dem Dichter bei dieser Partie
als Quelle gedient hat. Ich beantworte diese Frage dahin, daſs
mit dem zehnten Kapitel „De Antichristo et adventu Enochae
Eliae" [v. 1106 — 1575] unser Dichter den Elucidarius verlassen
und für seinen Lucidaire den Libellus de Antichristo benutzt
hat, welchen Adso, Abt von Mendier-en-Der, im zehnten Jahrhundert verfaſste (hrsgb. von Froben in Beati Flacci Albini seu
Alcuini abbatis opera, Tom. II, vol. I, p. 527; vergl. H. Suchier,
Denkmäler provençalischer Litteratur und Sprache S. 490).
Welche Quellen Gillebert sonst noch benutzt hat, sagt er uns
v. 4326—9, vergl. Schl. S. 22. In diesem Kapitel zeigt uns

Gillebert ein neues Verfahren bei der Bearbeitung seines Stoffes. Er stellt verschiedentlich um.

Von v. 1106—1303 hält sich der Dichter in der Anordnung der Gedanken genau an den Libellus, nimmt jedoch in v. 1262—7 noch einmal seine Zuflucht zu Kap. X, E des Elucidarius; es heifst dort: Diabolus ejus maleficiis corpus alicujus (V alicujus damnati) intrabit, et illud apportabit, et in illo loquetur, welche Stelle im Adso nicht zu belegen ist. Erst von v. 1304 an erlaubt er sich grofse Freiheiten mit seiner Vorlage. Wir finden abweichende Reihenfolge der Gedanken, die ganze Situationen ändern und Wiederholungen zur Folge haben, ferner Erweiterungen, Zusätze und umfangreiche Unterdrückungen.

Gleich nach v. 1307 übergeht der Verfasser unsres Gedichtes das Verkürzen der Zeit „Tunc abbreviabuntur dies propter electos (Matth. 24, 22); nisi enim dominus abbreviasset dies, vix salva esset omnis caro (V non fuisset salva omnis caro)," um es erst nach der grausamen Verfolgung des Enoch und Elias durch den Antichrist v. 1496 bis 1503 zu erwähnen. Entschieden gereicht es seinem Gedicht zum Vorteil, dafs er allen Umschweif vermeidet, wenn er die allgemeinen Bemerkungen über die Herrschaft der Perser, Griechen und Römer übergeht. Der Dichter hebt nur das Wichtigste vom Erscheinen des Antichrists hervor. Derselbe kommt, wenn die Oberherrschaft von den Römern gewichen ist. Dieselbe dauert noch fort in den François, Alemant und Englois. Adso erwähnt nur die Franzosen, er sagt: „Tamen quamdiu reges Francorum duraverint, qui Romanum imperium tenere debent, dignitas Romani imperii ex toto non peribit, quia stabit in regibus suis." Aus ihnen geht ein König Namens Konstantin hervor, der das ganze römische Reich beherrschen und nach langjähriger Regierung auf dem Ölberge seine Krone niederlegen wird. Das sich hier unmittelbar anschliefsende „Hic erit finis et consummatio Romanorum et Christianorum imperii" läfst der Dichter vorsichtig aus, da er noch eine eingehendere Beschreibung des Königs jenes Imperiums und eine Schilderung seiner Thätigkeit bis zu seinem Ende folgen läfst, und bringt obigen Gedanken vom Ende des Römerreiches mit einer Wiederholung, nämlich der Rückkehr Konstantins nach Jerusalem und einem zweiten Besteigen des Ölberges in v. 1426—33 nach der Besiegung der Völker von Got und Magot. Über das Überheben des Antichrists vergl. S. 21. Den König Konstantin schildert der Dichter als von schönem Wuchs und Ansehen, am Ende seiner Regierung als im Alter von hundertundzwölf Jahren, welche Angabe zufolge des lateinischen Textes erst nach v. 1396 nach der Rettung der Juden hätte eingefügt werden dürfen, und sein Land als fruchtbar, blühend und im Frieden.

Im Libellus wird dieses Glück gestört durch die Erhebung der Völker auf den Inseln Goch und Magoch. Der König wirft den Aufstand nieder, angespornt durch den Zuruf der Schrift: „Rex Romanorum omne sibi vindicet regnum terrarum." Es folgt die Unterjochung aller Inseln und Staaten, der Versuch, die Heiden zu taufen und die Bekehrung der Juden. So im Libellus. Hier heifst es:

Tunc exurgent ab aquilone spurcissimae gentes, quas Alexander rex inclusit in Goch et Magoch. Haec sunt viginti duo (V. duodecim) regna, quorum numerus est sicut arena maris. Quod cum audierit Romanorum rex, convocato exercitu debellavit eos, et prosternet eos usque ad internecionem. Hic semper habebit prae oculis scripturam ita dicentem: „Rex Romanorum omne sibi vindicet regnum terrarum." Omnes ergo insulas et civitates devastabit, et universa idolorum templa destruet, et omnes paganos ad baptismum convocabit, et per omnia templa crux Christi erigetur. In diebus illis salvabitur Juda, et Israel habitabit confidenter (Jerem. 33, 16).

Ganz unnatürlich ist die Anordnung der Gedanken im Gedichte. Hier stört die heilige Schrift jenes Erdenglück. Sie ruft dem König zu v. 1354:

„Rois des Romains,
venge le roi des crestiains!"

Daran schliefst sich der Passus von der Eroberung aller Länder bis zur Bekehrung der Juden von v. 1356—95, und dann erst folgt der Aufstand der Völker auf Goch und Magoch und ihre Unterwerfung. Stellen wir v. 1396—1424 vor v. 1353—95, so haben wir die logische Aufeinanderfolge der Gedanken des lateinischen Textes. Warum weicht hier der Dichter, der sonst bei der Bearbeitung des Stoffes immer grofse

Gewandtheit zeigt und die Gedanken logisch zu verknüpfen
versteht, von der klaren lateinischen Disposition ab? Ein trif-
tiger Grund läfst sich nach unserem Dafürhalten nicht geltend
machen.

Mit der Rückkehr des Königs nach Jerusalem und der
Niederlegung seines Regiments auf dem Ölberge folgt der
Dichter wieder dem Libellus und bezeichnet hier mit dem vorher
unterdrückten Satze „Hic erit finis et consummatio Romanorum
imperii" die Aufgabe des Königs von Rom als gelöst. Dann
macht Gillebert einen Zusatz und sich damit einer Wiederholung
schuldig. Er läfst nämlich gegen den lateinischen Text v. 1434—9
den Antichrist nochmals in Jerusalem einziehen, in den Tempel
gehen und seine Macht verkünden, alles Gedanken, die er schon
v. 1218—29 weiter ausgeführt hat. Über das Erscheinen des
Elias und Enoch vergl. S. 25. Sie predigen dreiundeinhalb Jahre,
bekehren alle Juden und werden dann unter den grausamsten
Martern getötet. Hier erst, wo die Trübsal am gröfsten ist,
fügt der Dichter in unverkennbar künstlerischer Absicht das
Verkürzen der Zeit ein v. 1496—9, das zufolge des lateinischen
Textes schon nach v. 1307 hätte erwähnt werden müssen,
vergl. S. 28.

Über die Freude des Antichrists und der Seinigen auf dem
Ölberge, seinen Tod und das Erstaunen seiner Anhänger über
den jähen Sturz ihres Herrn vergl. S. 25.

In den Schlufsversen der Abhandlung über den Antichrist
hält sich der Dichter dem Sinne nach genau an Adso und erzählt, dafs die aus Schwachheit dem Antichrist Anheimgefallenen
bis zum jüngsten Gericht noch vierzig Tage haben, während
welcher sie bereuen und zu Gott zurückkehren können.

Wir sehen also, wie Gillebert sichtet und sondert. Sehen
wir von der unglücklichen Umstellung S. 29 ab, so dürfen wir
doch alle übrigen als geschickt und wohlgelungen bezeichnen.
Neben diesen Umstellungen erlaubt sich der Dichter Unterdrückungen von Stellen, die für das ungebildete Volk zu spitz
gehalten, selbstverständlich oder schon erwähnt waren. Dann
übergeht er alles, was den Charakter des Absurden trägt und
gegen die Tendenz seines Werkes war. Endlich läfst er Partien
aus, um andere um so stärker hervortreten zu lassen. Anderer-

seits führt er im lateinischen Texte nur angedeutete Stellen, wenn sie zur Belehrung des Volkes dienten, weiter aus, versieht sie mit Produkten eigener Phantasie, ja streut kleine Episoden von allgemeinem Interesse ein, wie Joabs und Abners Kämpfe, Simsons Streiche und Liebesabenteuer, und läfst es an eigenen Betrachtungen, Belehrungen und Ermahnungen nicht fehlen.

Aufser den im Laufe der Untersuchung gemachten Bemerkungen über die Dissertation Schladebachs füge ich noch folgende hinzu:

S. 1 schreibt der Verfasser Prolegommena statt Prolegomena; gleich sei hier auch erwähnt auf S. 52 Diphtong statt Diphthong und auf S. 53 Triphtong statt Triphthong.

S. 5 rechnet Schl. den provençalischen Elucidarius unter die Klasse der Bestiaires, während das Werk eine Encyklopädie ist.

S. 7 löst der Verfasser in der Überschrift des Lucidaire, ebenso auf S. 24 und 41 die Abkürzung ml't durch mult anstatt durch mout auf, was jedoch nur für sehr alte Denkmäler statthaft ist.

S. 27 wirft Schl. betreffs der orthographischen Differenzen in Eigennamen die überflüssige Frage auf, ob diese Differenzen auf Kosten der Kopisten zu setzen seien. Auf wessen Kosten sonst?

S. 28 wird scheinbar A, B (C) ein gemeinschaftlicher Fehler nachgewiesen. Schl. sagt: „A, C irren v. 1870, wenn sie schreiben: et les .III. ordres jugeront anstatt .IIII., wie B richtig aufweist." Doch eine genauere Einsicht in den lateinischen Text zeigt, dafs .IIII. eine falsche und .III. die einzig richtige Lesart bietet. In L. Kap. XIII, C heifst es: Tunc ab angelis boni a malis ut grana a paleis secernentur, et in quatuor ordines dividentur. Dem entsprechen v. 2014—2019:

> Car li angle departiront
> les bons des max quis conistront,
> si con de la paille est sevré
> li grains, quant il est esmeré.
> .iiii. ordres aprés en feront,
> quant il devisé les aront.

Jetzt folgt die Aufzählung der vier Ordnungen und ihr Schicksal. Von der ersten sagt Honorius: „Unus ordo est perfectorum cum deo judicantium", und Gillebert v. 2020—3:

> „Li uns ert des esperitals
> ki haïrent vices et mals
> ki o dieu es sieges seront
> et les .iii. ordres jugeront."

Auf wen anders als die drei folgenden Ordnungen soll les .iii. ordres bezogen werden? Würde man mit Schl. .iiii. lesen, so müfste die erste Ordnung sich selbst richten. Und etwa das voraufgehende angle in v. 2014 als Subjekt zu jugeront in v. 2023 anzunehmen, verbietet sowohl die Satzkonstruktion, als auch der Sinn. Denn auf die Frage des Schülers, wer die Richter seien, antwortet der Lehrer: „Apostoli, martyres, monachi, virgines", die also mit dem „judicantium" der ersten Ordnung identisch sind. Es folgen dann die drei übrigen Ordnungen, die ganz im Anschlufs an L in v. 2024—9 aufgeführt werden.

S. 29. Von gemeinschaftlichen Zusätzen von A, C (B) gegenüber B (C) kann nicht die Rede sein, nur von Lücken in B (C). A, C (B) haben nicht zugesetzt, sondern B (C) hat ausgelassen. Was nun den Sachverhalt im einzelnen anlangt, so irrt Schl., wenn er v. 264—5 (269—70) B (C) abspricht. Sie stehen auf Bl. 180r, Spalte a, v. 16—17 und lauten:

> Li autres par leur granz doulors
> et par leur corporeuz langours.

Dasselbe gilt auf S. 31 von v. 3593—4 (3391—2), sie befinden sich auf Bl. 203r, Spalte a, 15—16:

> Cele que li patriarche ont
> et cele ou li prophete sont.

S. 33. Wenn Schl. bei dem Plus von A, B (C) über C (B) 3698—701 (3495—8), also nur vier Verse, als fehlend und die v. 3702—3:

> envers cele qu'il porseront
> en deu qu'il devant els verront

unerwähnt läfst, so begeht er einen Fehler, denn in C (B) fehlen
auf Bl. 75r jene sechs Verse zwischen folgenden:

sans fin vivront sain et haitié

und   plain ierent de tote sciënce,

die in meinem Texte v. 3697 und 3704 entsprechen.

S. 34. Die in B, C fehlende und sich eng an „diabolus ejus
maleficiis corpus alicujus intrabit, et illud apportabit, et in illo
loquetur" des Kap. X, E im Elucidarius anlehnende Stelle ist
nicht vollständig gegeben. Es fehlen die Eingangsverse 1262—3
(1199—1200):

Et la ou trovera les mors,
fera diable entrer el cors.

S. 38. Hinter v. 2081 (1924) fehlen in A noch folgende
Verse von B, C:

En paradiz le glorieuz
en serez mes toz jors joieus.

S. 39. Mit dem Verse „Ne en cuer d'ome ne monter" ist
die A fehlende Stelle noch nicht zu Ende, es schliefsen sich
noch an v. 2442—3:

la grant joie que diex dorra
a toz ceuz que il amera.

S. 41. Dafs bei einer Ausgabe des französischen Werkes
auf Zusammenstellung eines ausreichenden kritischen Varianten-
apparates Bedacht genommen werden mufs, ist wohl nur für
Herrn Schl. nicht selbstverständlich.

S. 42 nennt der Verfasser die Handschriften von A, B, C,
warum nicht eirfach A, B, C?

S. 49, Anm. 1. Man wird, wenn gloire zu glore wird,
im Pikardischen nicht von einem Übergange des oi zu o reden
dürfen, da glore nicht aus gloire, sondern aus glorie entstanden ist.

S. 55. Dafs aus lat. e oder i in gedeckter Silbe ie ge-
worden wäre, ist im Reime nirgends zu belegen.

Zum Schluſs sei mir noch vergönnt, den Verwaltungen der Arsenal- und Nationalbibliothek zu Paris und des britischen Museums, vor allem aber meinem hochverehrten Lehrer, Herrn Prof. Dr. H. Suchier, der mir stets mit Rat zur Seite stand, sowie Herrn C. Kohler für die mir erwiesene Freundlichkeit in der Vergleichung mir zweifelhafter Lesarten, meinen herzlichsten Dank auszusprechen.

Berichtigungen.

Seite 1, Zeile 1: Lies „sechs“ statt „fünf“.
Seite 24, Zeile 6: Lies „der Dichter“ statt „er“.
Seite 24, Zeile 13: Lies „den“ statt „der“.
Seite 24, Zeile 30: Lies „die eingehende Schilderung der Zerstörung“.
Seite 25, Zeile 5: Lies „die“ statt „den“.
Seite 26, Zeile 24: Lies „l'autre“ statt „lautre“.